JN436622

오늘의문학 특선시집 67

나래짓 속에 영혼이

海林 김 기 영 시사집(詩寫集)

하루하루가 금보다 더 값진 나날이라는 사실,
나만이 아닐진대, 새처럼 날아올라 내려다본다.
넓고 긴 간선도로 끝없이 이어지는 문명의 이기들,
크고 작음의 혼합 속에 꿈을 싣고 달린다.

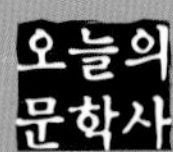

국립중앙도서관 출판예정도서목록(CIP)

나래짓 속에 영혼이 : 海林 김기영 시사집(詩寫集) / 지은이
: 김기영. — 대전 : 오늘의문학사, 2018
p. ; cm. — (오늘의문학 특선시집 ; 67)

김기영의 필명은 "김해림"임
ISBN 978-89-5669-948-6 03810 : ₩30000

한국 현대시[韓國現代詩]

811.7-KDC6
895.715-DDC23 CIP2018031472

나래짓 속에 영혼이

나래짓 속에 영혼이

하루하루가 금보다 더 값진 나날이라는 사실, 나만이 아닐진대, 새처럼 날아올라 내려다본다. 넓고 긴 간선도로 끝없이 이어지는 문명의 이기들, 크고 작음의 혼합 속에 꿈을 싣고 달린다.

저 무리 속에 있다면 나는 어디쯤 있을까, 어디로 가는가, 생각을 해본다. 시류의 한 가운데에서 사시나무 잎 같은 마음과 떨리는 가슴 잠재우고 더 높이 올라 푸른 능선 내려다보며 해 기울기 따라 검게 드리워지는 모습에 나의 둥지를 찾아본다.

동공을 넓혀 보면, 불이 켜있는 곳은 어김없이 종일 무거운 나래짓에 아름다움을 싣고 돌아온 웃음소리, 내일을 위한 준비도 하늘의 뜻이 아니던가? 나는 가끔 냇가를 기웃거린다. 발자국에 놀란 듯 이제 마악 눈을 뜬 어린 송사리떼가 심장에 불을 지펴 무리지어 힘차게 달리는 것을 물끄러미 내려다보며 생명들의 자유로움에 눈길을 멈춘다. 자라면 누구를 사랑할텐가, 생각은 더 깊어진다. 땡볕에 무서움을 알기나 할까, 걱정도 된다.

가끔 물새들이 푸섶에 물줄기 훑고 지난다. 그러고 보면 천수를 누려야할 이 땅에 어린생명들이 단명으로 끝나지 않을까, 우려감이 앞선다. 그들도 영혼이 있을 테니 말이다. 예약 없이 물이 잦아들면 오르내리는 횟수가 많아지는 것 어떤 연유일까?

쪼그리고 앉아 있던 나는 오금 저려 일어난다. 하던 일 끝내고 전

등불이 켜져 나를 기다리는 곳으로 간다. 영혼을 지키려 몸부림하는 내 가족들의 살아 움직이는 심장을 생각한다.

오만가지 생명들이 해지면 잠들고 해 뜨면 어김없이 활동하는 자연의 이치 속에서 살고 있다. 민성이, 민서, 비견이, 수빈이, 재백이, 며느리들과 아이들 함께 아름다운 세상에 사람 하나 키운다는 것이 참 자랑스럽고, 고맙고, 감사하다. 특히 내조하느라 수고하는 소귀례님으로부터 따뜻한 손가운을 받아 더욱 좋다. 동행하는 모든 분들께 감사드린다.

| 목차 |

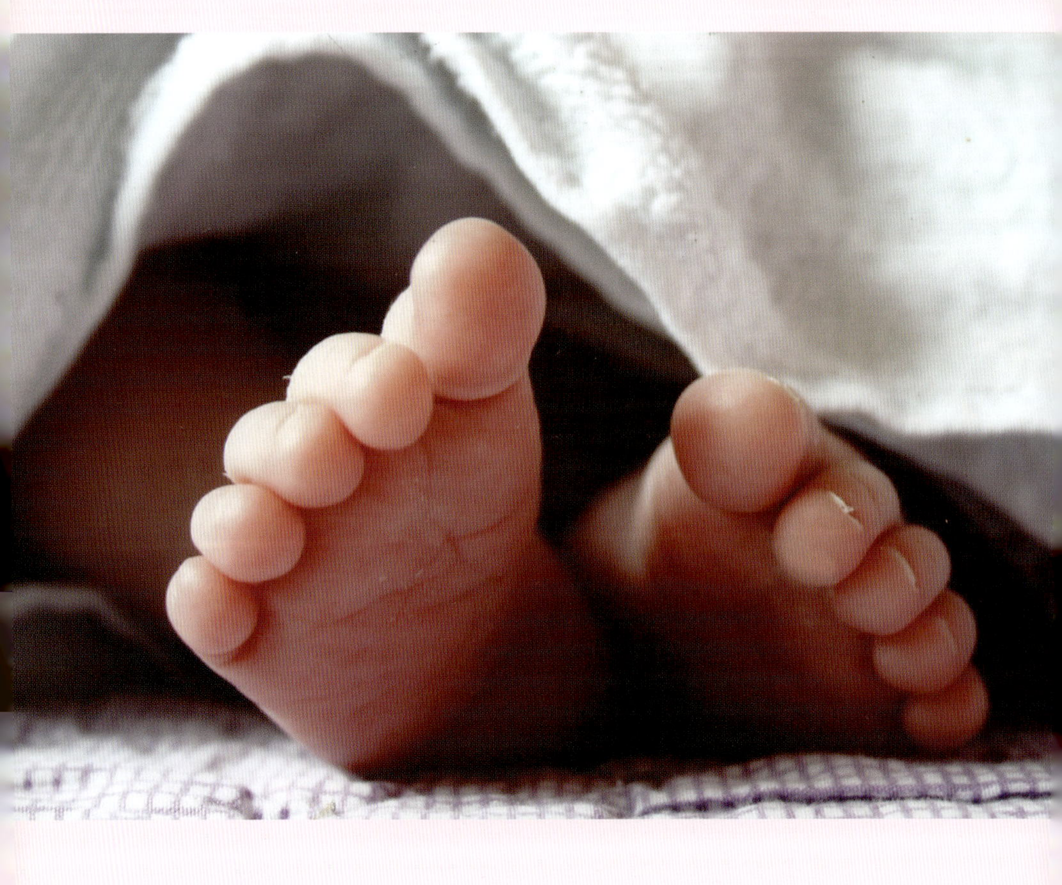

오월의 인연

애정 어린 느티나무의 새집,
행복한 눈빛 보려고
오가는 이 발 길 멎어
머리 들어 눈길을 주기도

까치 비둘기 무리에
참새 동박새는 먼발치에서 눈길만 주는
안쓰러움 넘치는 새 아파트
솔밭 속 처마 밑 아늑한 자리

한 쌍 집들이하는
소문은 발걸음을 재촉하고
맛좋은 호떡집처럼
조잘대는 가족들

새 생명들,
나날이 맺어지는 또 다른 인연에
더위를 모르고 한 가족이 된다.

들녘에서 · 1

나름의 심성을 다듬느라
각색 비단처럼 이랑을 만들고
곱게 차린 모양새
가장 예쁜 것들

한 발자국 뒤에서 보면
각기 다른 삶,
우리도 같은 얼굴일 터이니
무엇이 다르랴

시절 따라 변하는
마음의 빛깔들
연미색 아님 분홍에 더 고운색
자자손손 아름다움

모두 미물이라 하지만
천추 만년
반열에 오르려는 몸부림,
아름다운 세상에 일조한다.

각색을 보며

몰입의 점경
자연 속 찬란한 불빛 보려
눈을 뜨게 하는 이유인 것을

인간이 꽃인 것을
아름다움을 옆에 두고
또 다른 미적 감각을 찾는 일

그 일도 쉽지 않은 것
내면의 순수함이
나의 발길을 멈추게 한다.

추향제(秋嚮祭)

조선문살이
문설주에 슬그머니 기대어
면면들과 신발들 내려다보고
찢겨진 창호지 사이로
푸른 바다에서 수만 년 노닐던
은갈치 한 마리 기척 없이 예까지 왔는가?
함께 누워 환한 미소
상차림에 흡족한 듯
재배하고 나니
소식 남기고 고향으로 갔다.

* 대전문학 2016년 봄호

들녘에서 · 2

저녁노을
얇은 구름 낀 하늘가에
엉겅퀴 한 무더기
자주색 단장으로
이 밤을 누구하고 보내려는가?

뉘 찾아가는 발걸음이기에
목소리
알아들을 법한데도
나래짓에 마음 뺏겨
동공은 과녁이 되고

해지는 줄 모르는
꾀꼬리
가슴 열어 제쳐놓고
숨 멎은 들녘에
몇 마디 울음이 더 섧다.

양심

이 땅에 수억 가지 먹을 것들을
넘쳐나게 만드는
태양에게 고마움을
전해야 할 것 같다.

누군가는 그의 열기에
가느다란 눈빛 보내는 것을
보느라면
철부지인 것이 확실하다.

셀 수 없는 그림자들의 발자국을
밟고 넘어 오며
지나친 생명들이 얼마나 많았던가

지금도 어느 곳에서는
신자유주의 문명이라며
눈만 뜨면 손에 들고 나는
무지갯빛 먹거리들 함께
양심을 담보로 햇볕 등지는 사람들이
더 많아지는 것 같다.

지게 작대기

저보다 훨씬 크고
무거운 놈
허리 꼿꼿하게 세워
반듯하게 지키는
집념이 대단하다.

* 문학사랑 2015년 겨울호

이 풍진 세상에

얘야!
그곳에 가면 아니된다.
선몽으로 발길 돌려놓는다.
이 풍진세상
떠들어도
나와 상관없는 소리라고
어찌 그리도
바른 소리만 하시는지
머물던 자리 보면
전력이 드러나고
그래도 아니라 하니, 갈 곳은
대나무 밭으로
대령해야할 것 같다.

이유

종끼리 모여 의사소통에 성장
불리한 것에는
한 발 뒤에서 옷깃을 당겨
내 편으로, 어제 오늘만이 아니다.

쑥밭과 망초대가 그렇고
무한히 뻗치는 갈대가 그렇고
냇가 겨울철에
수생식물의 군락을 본다.

끼리끼리 모여
학연과 지연을 엮어내는 일이
자자 일촌 사는 촌락이라면
불 밝은 객지로 나서는 길목이 아니던가.

무리 지어 깃발 올리는 일,
저변에 깔린 생존의 오지랖 감지한
유유상종이라는 속담도
틀린 말은 아닌 것 같다.

할미꽃 영혼들

봄바람 머리에 이고
머언 산 신록을 올려다본다.
가까이에는
느티나무 연녹색 자랑이 한창이다.

지나는 구름떼 올려다보는
흰 머릿결로
사노라면
사이사이 꽃잔디 제 자랑에 곱기도 하다.

움돋는 능소화
할미꽃 알기나 할까
떠남과 남아 있음이
이 계절
한 폭 그림으로 그리기에는
여백과 물감이 부족할까

가슴에 올려 미는 열기로
그림을 그려야겠다.

언행(言行)

눈만 뜨면 쏟아내는 말
금값으로 치부한다면
본심의 무게는 얼마나 될까

걱정스럽다.
멋은 그만둔다 하더라도
심중에 가라앉아있는
질량은 또 얼마일까

하면, 수상집으로 변환하는
입술을 벗어나는 떨림들
허공에서 맴돌다
사라지는 것
활판되어 누구의 눈길에 머물는지
종내는
소리 없이 가는 것이 확실하다.

마음만으로 부자인 사람이
어디 나 뿐이랴.

감나무

세월 지난 뒤
비바람에 초가지붕 함께 울도 담도
흔적 없이 사라진다 해도
울타리 따라 심어진 감나무는 말이 없다.

옛 주인이 돌아오길 기다리며
머언 들녘을 내려다본다.
누군가 근처를 지나기라도 하면
유심히 발걸음을 살피는 듯
흔들림 없이 응시한다.

때가 되면 빨강 잎새 사이 주홍감이
봉답이나 제기를
오래도록 간직한 보람도 없이
주렁주렁 매달린 얼굴들이
옛 조상님들을 그리워한다.

* 대전문학 제76호

이웃들

한로를 앞두고
배롱나무 달맞이꽃도 떠나고
키 작은 쑥부쟁이 푸설에서 뽀얗다.

어깨를 맞대고 무리무리
없는 듯 조용하더니
조석의 바람에
작은 얼굴 당당함이 가득하고

지난여름
가뭄 속 애환이 서린 삶속에
세상이 어떻게 보여졌을까?

목마름의 후유증
허리 구부러진 모습들이지만
줄기는 살아있어
한 줌 비라도 내렸으면 좋겠다.

자물쇠

땅덩이만큼
역사는 아닐지라도
철석같은 마음을 다짐하는
인간의 내면

긴 앞날을 내려보는
심오한 한줄기
각우의 글씨들
개인의 안녕과
나라의 안녕이
가고 남음에

자물쇠는
한줄기 위에
또 한줄기 제묽을 하며
사람들에 처사를
내려다보고 있다.

시류(時流)의 눈빛에서

시류의 한 가운데
세상은 나에게
매일 새로운 것들을 보여준다.

눈이 반짝반짝 빛나게
언제나 매 한가지라고
모두들 한 입 같이 말들 하지만
흔들리는 마음과
떨리는 가슴이 매번 다른 것을

온도 차이
숨소리도 달라지는 것
몸소 느끼며
하늘을 올려다본다.

가슴 졸이는 일들
요즈음 더욱 심해지는 것
동물 전염병과 사스 사람기피증
기후 변화 뿐이겠는가.

강변에는

서산에 걸린 햇살을 보며
피어나는 달맞이꽃
씨앗 품은 꽃대,
그 단단함을 어디에 비하랴

태양 앞에
당당히 드러내는 얼굴이
쑥스럽고 겸손함에서일까, 아님
은근과 끈기를 자랑함일까

후세의 모습을 담은 곳간
다섯 자 남짓 키에
앞뒤 옆구리까지 가득
그들 연륜은 얼마일까

지난 날을 회상하는 듯
여린 꽃 이파리들이
저녁노을에
노란 꽃밭이 된다.

상념(常念)

시절의 변화일까,
조석으로 서늘함을 재촉하는
조용한 가랑비

갈피를 알지 못하는
밤낮의 기온
온난화의 새로운 모습들

세태를 닮아가는 농작물들
내일의 풍향을 알 수 없이
갈팡질팡

삼천리 강산 한나절에
삶의 질 높낮이 얼굴 부비며
오리무중에 겨울 준비를 한다.

수복강녕을 비나이다

세월은 관용을
베풀지 않는다.
크든 작든
그림자를 만드는 요술만
존재 할 뿐
말이 없다.
숨을 쉬는 것들
종내는 그림자도 없다.

위로

냇가 둑 한켠
더위에 지친 느티나무
머리를 살레살레 흔들며
붉은 해를 숨겨 주는데

가지에 걸려 일어나지 못하는 햇살
산그림자 따라 노을에 깊어가고
보란듯이
저녁나절을 뽐낸다.

농투산이들은 어느 발길이어야
앞가슴 열어 재켜
바람 끌어 안으며
시절의 변화를 알 수 있을까?

말없이 나무그늘 속에서
내려다보고
한 수 일러주는 듯
까치 푸드득 털고 일어난다.

영혼이 살아 있는 쌀 한 톨

가뭄과 기근, 애간장 녹이던 시절
예나 오늘이나 모두 잊은 듯
하루하루 불볕 속에서
그러려니했지만

한 모금의 물
눈물이 핑 도는 가늘어지는 허리
그들의 삶
기억을 더듬어 옛생각을 하기도

억센 손등으로 보듬어 주던
귀한 얼굴들
이 땅에서 인연이 다 된 듯
민중들 뒤에 서서

창백하고 붉은 눈빛으로
하늘 올려다보며
이곳에 사는 영혼들에게
혼줄이 있느냐고 묻는 듯하다.

선물

삼백예순날
쉴 틈 없이 내려주는
고마운 햇살에
두 손 모아 감사함을 잊지 않는다.

더러는
비와 눈 바람과
나비와 곤충들
다된 곡식에 발을 담근다.

아름다움은 그것뿐이랴.
까치들도 한자락
풍경을 깔아놓고
만찬장에 함께 한다.

동질의 숨소리
인심이 열 말
풍성한 가을의 후덕함이
또 열 가마니.

눈빛을 다스리며

겸손과 자제
담장 낮은 서민의
좌우명을
주머니마다 채워 넣고

단정한 신발
연륜 쌓인 주름
매일 아침
가족의 안녕을 빌며

현관문 앞에서
잠시 눈을 감아
마음을 모으고
광야로 내달린다.

가는 곳마다 눈인사
화사한 햇살에
조용한 심장박동
이보다 더 넉넉함이 있으랴.

고마워요

기억 저편으로
슬금슬금 넘어가는
주위의 이름들
하나 둘씩

눈만 뜨면 보이던 얼굴들
가고 오는 것
인연이라 하지만
머릿속을 점점 비워간다.

애증의 짧은 시간들
옳고 그름의 다툼 속에
정답이 없었음도
멀리 와 있으니 보인다.

모롱이마다 비치던 그들
몽환이었던가,
도착점이 어디쯤인지
환청으로 들리는 듯하다.

칠보색 산천

밝고 진한 햇살
결 고운 나뭇잎을
칠보색으로
빚어 내 놓는다.

철따라 변하는
아름다움의 자태
그들은
변함없는 마음이다.

폭우와 가뭄의 몸부림
알알이 영그는 모습 담겨 있고
정갈하고 고귀함에
발길을 멈추기도 한다.

시시로 그들을 바라보며
요철 없는 표정이
속내인 것을
우리는 그들의 얼굴만 본다.

MR

바람을 등지고

누군가
오르기 힘든 곳을 고산이라고 했다.

높은 곳의 의미를
삶에 뜻을 두고 말하는 이도 있고,
또 누군가는
생의 이치를 알았을 테지만
말할 수 없는 입은
목젖으로 대변하는 이도 있을 터,

하지만,
내일을 약속하는 햇살을 보고
또 다른 눈짓이라고 한다면
그것이 이색지대가 아닌가?

삶

입술이 벌어지는 이 즐거움을
태양이 무거운 줄 모르고
훈련이 잘된 병사들처럼
한 무리 열병식을 한다.

갓 태어난 새 생명
둘 아닌 하나씩
옆구리와 등에 업고 강한 팔놀림은
사격과 총검의 연속을

땡볕을 향한 머리 숲은
하늘에 뜻 알아챈 듯
별들과 함께 출정에 앞서
한 바탕 춤판이다.

가슴에 열정을 불어 넣어
달구어 내는 옥수수 가족들 얼굴
내내 들녘에는
부릅뜬 눈으로 밤을 새는 이가 있다.

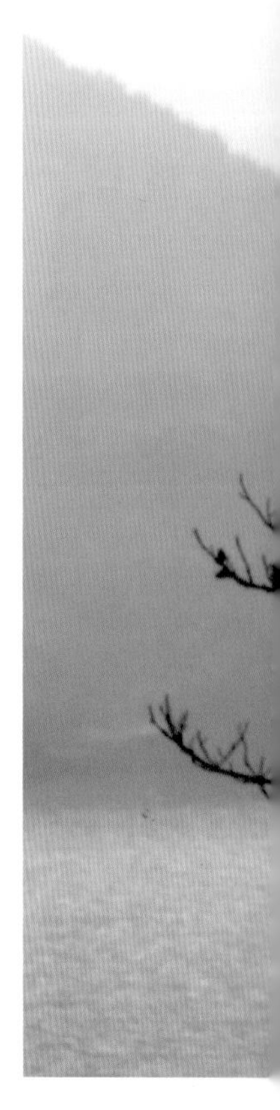

계족산성에서

북에서 남으로 힘차게 뻗은 산맥 하나
동서로 양분, 서편은 넓은 들녘
선진국을 향한 발걸음이
역력하다.

저녁노을 품은 들녘은
숨 가쁘게 달려온 사람들의 안식처
두 팔 높이 들어
큰 숨을 몰아쉬게 한다.

동편은 자잘한 능선들이
자연부락을 품은 따비밭과 함께
계곡을 수놓아
내려다보는 눈빛을 편안하게 한다.

대전에, 푸르름을 더하게 하는
도시 근교농업의 발상지
비닐지붕 타고 흐르는 조용한 바람
반짝반짝 물보라처럼.

백두산을 면전에 두고

긴 여정의 시작
조선의 땅에서 손님 가득 태운 여객기
장백공항으로 착륙하는 몸부림
모두 숨 멎은 자세다.

처음이자 마지막일 것 같은
장백산까지 아니 백두산까지
일천이백 킬로미터로 이 몸뚱이
실타래처럼 늘인다면

그 작품의 둘레와 굵기
얼마나 될까, 천지 기운 받으려
휘돌아 오는 길목
가느다란 생명줄 그지없는데,

내게 주어진 업보는 무엇인가?
뭉실 구름 위 부동의 기체
나의 생각도 달린다.

유효합니다

조용한 가슴 통해
손끝에 닿는 촉감이
눈시울을
드나들 때마다
머리맡에서
말없이 응시한다.

마음 다독여
하루의 안녕을 비는 듯
나의 눈길 매어 놓는
놋쇠 주발 한 쌍에
어머니 얼굴이 가득 담겨
오늘도 환한 웃음이시다.

두더지

삽날도 팡팡 튈 듯한 밭이랑
두더지 지난 흔적에
자근자근 내리는 비
어디론가 흐르는 물구멍으로

그의 길목은
어디라 할 것 없이
사랑을 베풀고 한 곳으로 흐르는
아름다운 길이다.

해양박물관에서

자유분방하게 살아가는
신자유주의에 압도당한 듯
갈피를 잡지 못하는 구시대
유물 한 점

행방을 가늠키 어려워 두리번거리고
오라하는 곳도
가라하는 이도 없는 오늘에
살아있는 존재 의미는 무엇일까?

부드러운 흙은
현대 문명 속에 감추어지고
빗물 한 줌 숨어들지 못하는 곳에
정(情)도 멀어지는 듯하다.

예지(豫智)

풍요로움을 갈구하는
폭염의 계절
앞길을 알고 있기에 떠난것들
하나 둘이 아니다.

할미꽃 엉겅퀴 능소화가 그렇고
뒤따라 준비하는 모습들이
쓸쓸하지만 깨끗한 자태가
보기 좋은 것도 그러하다.

남아 있는 것들
무엇인가 해야 할 일 있는 듯
팔을 벌려 환한 모습에
싸리꽃 백일홍도 끼어 든다.

주위의 것들을 보며
언제쯤 자리를 비워줄는지
새 얼굴 그려 보는 것,
스치는 생각은 나만의 것일까.

이원역 풍경 · 1

더워 지친 찔레꽃
가뭄 끝 봉답에 늦은 모내기
해 긴 유월 짧은 듯
간간이 들리는 소문

부지런한 집 사립문 안으로
저녁에는 극성스런 풍뎅이도
호롱불도 일찍 잠들고
가까운 곳 견공소리만 들린다.

플랫폼에 가면 괴상한 양키들
소재지 아이 어른 가득
십리 길 발걸음 단숨에
예비 선로 땅거미 속 기차

고장난 듯 움직일 줄 모르고
문 앞에 한 명씩 총을 들고
우리들 꼬드긴다.
누군가 돌질, 순간 벌집이다.

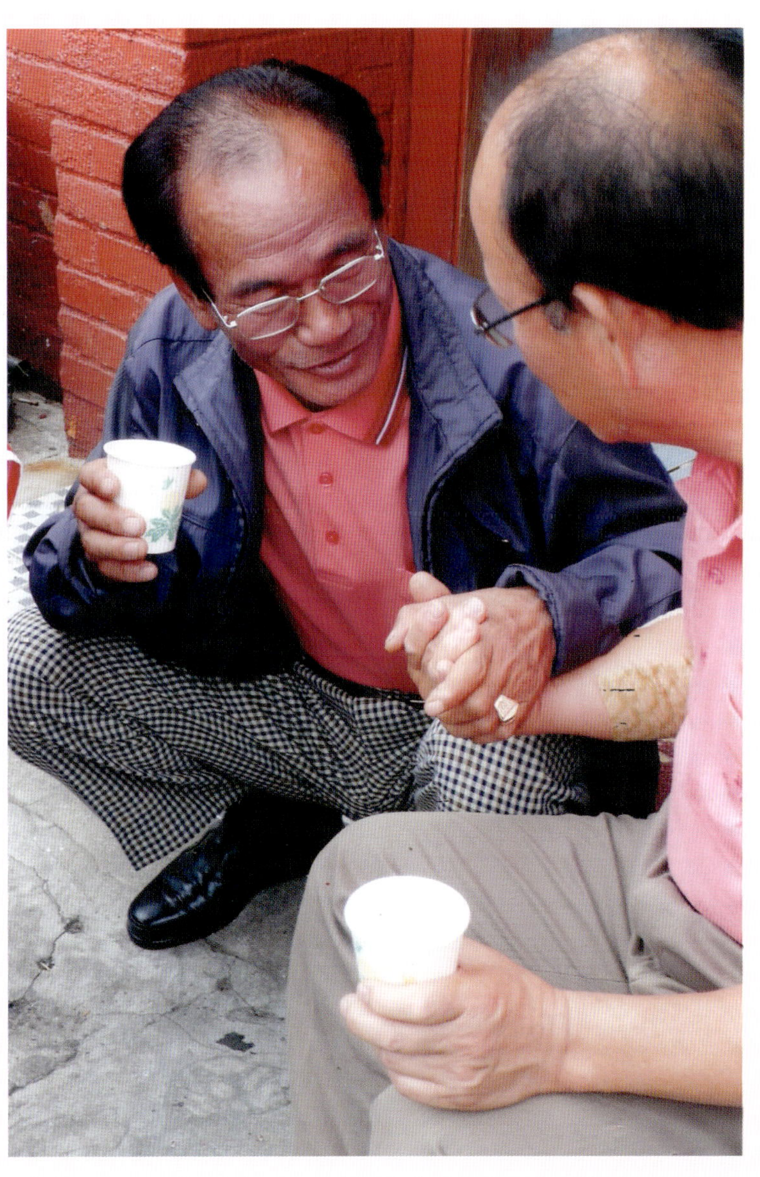

아주특별한
치즈

이원역 풍경 · 2

해넘이 기차역은
터진 옆구리로
쏟아져 나온 학생들과 함께
옆구리에 광주리 낀 촌로 한 무리

길게 누운
산그림자 따라간다고
빠른 걸음이지만
땅거미 어슬렁거리고

역무원 깃발에
기적을 길게
이내 덜커덩거리며
힘에 겨운 듯 식식 거린다

가슴에 닿는 이야기
무르익던 대합실도
정장을 한 늙수그레한 역장도
어디에 깃을 내렸을까 싶다.

* 대전문학 2015년 봄호

오늘에야

수억의 날들 살아오면
녹아내린 마음들이 바다로 모여들어
밀려있던 이야기들 쏟아내며
이승을 그리워함일까?

격정과 열정 냉정이 교차되어
나름의 소리들은
하늘을 향해 시도 때도 없이
바람을 타고 오른다.

그들을 보면서 후일에
어느 풍상 앞에 아님
고관 누각에서 혹은 당 아래에서
어떤 세상으로 보일까?

남아 있는 우리들의 얼굴이
웃음으로 가득 찬 나날이 아니라는
또 하나의 생각들이
목전에 닥친 듯하다.

현몽(現夢) 일제(一題)

세상을 아름답게 만드는 일
어느 누가 반기지 않으랴.

눈과 손은 사랑에 닿아 있다. 쓸 것, 못 쓸 것, 남을 의식하지 않고 버려지는 것들에 눈물이 난다. 어둔 밤 제기(祭器)들이 그러하고, 읽지도 않는 족보(族譜)가 그러하고, 책방에 내놓은 고서(古書)들이 그러하다. 점점 뿌리가 우그라드는 시대라 하지만, 우리 발자국에, 하늘을 우러러 살아온 조상들의 심기가 불편할까 걱정이다. 손수레에 가득 묵은 세월을 담는다.

세상에서 제 몫을 다하는 일
그 또한 뜻이 깊지 않으랴.

* 대전문학 제72호

채무자

이른 봄 묘공
에미와 교감을 나눈 뒤로
원두막에 때마다 오신다.

어떤 심산인지
어린 몸으로
흑백의조화를 이룬 몸치장
머언 발치에서
세상 살아가는 나를 알아챈 듯하다.

예부터
영물이라는 소리는 들었지만
당신은 누구시기에
밥그릇 앞에서 나의 거동을 살피시나.

차린 것 없지만
마음 편케 드시오.
나의 채무가 끝나면
당신의 본래 모습을 보리다.

* 문학사랑 2018년 가을호

냇가의 갈대

그들의 얼굴에
빗방울이라도 앉을라하면
해탈의 경지에 이른 듯
정좌

어깨를 맞대고
바람의 속성을 알아내어
서걱거림도 없이
침묵으로 묵언중이다.

큰물이라도 내린다면
하늘의 뜻으로
비단결처럼 누어
촉수만 세우고 있을 뿐이다.

노을 속에

쌀쌀해지는
해질녘 바람에
쑥부쟁이 무리
순박한 얼굴로
하늘이 무너진다고
양팔 벌려
버티고 서있다.

* 대전문학 2015년 겨울호

일일 개성 관광

연둣빛 화사하다
온 들녘을
누가 적막이라 했던가?
너의 이름 부르며
휴전선 너머
그곳에 내려놓을 것이 없어
콧김만 내려놓고, 아님
무겁던 큰 숨도 내려놓고
그래서 마음이 가벼운가?
보이지 않아,
내려놓은 것 없는가, 그렇지 않으면
내려놓은 콧바람이
마음에 얹혀 더 무거워진 것이
나만일까?
곰곰이 생각해도
알다가도 모를 일이다.

* 창조문학 2014년 여름호

눈빛을 보니

스멀스멀 녹아내리는
세월 앞에
하얀 머릿결이 하얗다.

바람 부는 대로 흔들리는
몸뚱이들
빛바랜 생각들로
서루를 위로한다.

예까지 오느라
준령들이 손바닥 안에서
퍼덕이던 것을
한여름 풀벌레 소리이던 것을

뒤돌아보는 발자국
높은 산 목전인 것을
왔던 만큼 되돌아가야 하는 오늘
옥수수 대궁 꽃술이 환하다.

그 무엇에도

강물은 저 혼자
오랜 세월에도 얼굴 비비며
낮은 몸짓이다.
올려다보는 눈빛
누구도 원망하지 않는다.

낮으면 낮은 대로
높으면 높은 대로
빠름과
늦음의 자세도
흐트러짐이 없다.

저 혼자 다듬은 마음
푸른 빛 머금은 옥수
지나는 곳마다
살아가는 것들에
그 마음도 다독인다.

물결

조요(照耀)로운 한낮 누구 눈치 볼 일 없이
절벽 앞에서 칭얼거리며
무엇을 찾는지
앞으로 더 나가지 못한다.

치장한 몸에는 비릿한 내음
속에 감추고
몸 흔들어 쉼 없음이
안쓰럽기도 하다

순간 우뚝 솟아
주변을 살피는
여리면서도 긴 여운을 남기는
그들은 공생의 길인가?

작금에 한 목소리
변화 없는 듯하지만
무수한 인연들이
잔잔하게 울렁거리는 물결들 속에 있다.

풍경

자잘한 눈높이 능선
우거진 나무들
그들의 얼굴, 환한 모습은
또 다른 산등성이를 감아돈다.

냇물 소리에 한 장단 흘러넘치고
골짝을 훑어내리는 경운기 소리도
한 몫을 단단히 하는 가락으로
주인은 춤꾼이 된다.

점점 크고 우렁차게 들리는
개구리 연주회
한낮 뙤약볕에 달구어진 은사시
반짝반짝 손뼉에 바람소리 두 장단.

비밀

솔 씨앗 하나
어디에 몸 누이고 있었는지
우주 속 이 땅에 누가 보냈을까?
틈새에 찾아온 새 생명

달랑 심장 하나
뼈도 살도 없다
누구의 인연일까
햇볕 한 줌 보기 위해

얼마의 시간을 보내며
생각을 키우고
다듬고 발돋음 하려 움직거리는
그곳 세상은 어떤 세상일까?

찬란한 이 땅에 빛을
대소 불문 골고루 내려 주는
희망이 공평하지만
그 곳 세상을 기억할 수 없다.

닮은 얼굴

발길 멈추고
둑에 서서 무리무리 지어
높은 산을 바라보는 비닐뭉치들

중년을 지나는 농부
삽자루 들고
허리 펴다
눈이 마주 친다.

쳐다보고 헤실헤실 웃는 표정이
영락없는 저승사자들
손짓이 섬뜩하다.

어쩌면 그들이 몸짓에서
허물어져 가는 육신을
비켜가지 못하는 생각에
연장 세워놓고 그들의 얼굴 살핀다.

함박꽃

너를 안은 바람이
온종일 담 너머에서 애를 태운다.

곱살한 얼굴 때문이라고
말들을 하지만
그것도 아닌 듯하다.

해 질 무렵이면 멀리 떠나 있는
중첩된 모습으로
별빛마냥 하나 둘 살아나는 것
그것도 아닌 듯하다.

활짝 웃는 모습에서
삶의 행적을 읽어내는
이웃집 사촌들은
눈빛으로 말을 한다.

꿈을 키우며

북청색 여름날
소낙비가 들녘을 어루만진 뒤
모두는
여린 입술
나름의 황홀한 자태
눈빛은 무지갯빛이다.

펄펄 끓는 마음
태양을 향한 강한 손짓에
어느 것 하나
빠름도 아니고
굼뜸도 아닌 오늘의 7월 하늘

대서를 지나는 길목은
여전히
저잣거리처럼
웅실거리는
하늘의 뜻은 무엇인가,
곰곰이 생각해 본다.

사유(思惟)

따가운 햇살에 녹아나는 것들
하나 둘이 아닐진대
정감어린 것은 온데간데없다.

골 깊은 상처에
아물지 않은 딱정이들이
눈앞에 어린거리는 형상들

후벼 파는 가려움증을
잘 견디는 또 다른 깊숙한 곳에서
새살이 차오르게 하는
뿌리 깊은 나무를 본다.

둠벙

가을 약속하는
물줄기 모아두는 곳
누구의 손길인지
그의 이력이 없다.

아비의 말인 즉
논배미는
고조할배 때부터
조상을 모시는 봉답이라

나날이 변화하는 이 시대
맞지 않는 모양새이지만
구전으로
몇 대의 자손들이 손과 삽을 씻고

설 지나면
경칩이 흰 구름과 함께
또 다른 손님으로
한자락 농요를 들려준다.

송구영신

스산한 바람이 일면
겨울이 오고 있음의 신호
귀밑 솜털이
체내로 보낸다

한 해의 끝자락 섣달그믐 무렵
아픈 상처의 혼은
찬바람 함께 마음 속 자리
숙연하게 한다.

떠나고 남음은 자연스런 순환
가슴 졸였던 작은 티끌이라도
숨길 건너편에 있는 것
새해의 의미는 새로운 삶이다.

마음의 각오를 부추기고
따스해지는 햇살은
봄을 약속하고
깊은 뿌리의 움직임도 보인다.

삼존불

아늑하고 포근한 자리에
천만년 흐르는 정기 받아
환한 미소를 담아낸 신의 예시
그 시절 석공은 무엇을 보았을까?

마음이 가지 않고는 이룰 수 없는
뽀얀 얼굴에 훈훈한 미소
간절함이 아니고는 찾을 수도 없는
절경에 원시림 숲속

다듬는 손길 얼마의 시간을 애태웠을까?
삶의 애환을 담은 상실
조석으로 다른 바람 속
봇물처럼 흐르는 합장의 모습

잔상을 담아 내려오는 발길
미래세계를 조망, 나라의 안녕도 염원하고
가벼워진 보폭에
뒤돌아보니 금세 자취를 감춘다.

나무 밑에서

우리들은 일상
흔들리는 것을
'바람탄다' 라고 말을 한다

한 발자국 뒤에서
세상을 바라보며 말하는
오늘,

청빈함도
운이 없다는 말로
위안을 받기도 하며

흔들리는 것들을 바라보며
언제까지 거듭할 것인지
알 수 없는 나는

나무 밑에서
위를 올려다보고
흔들어 본다.

천리포 수목원

눈앞에 펼쳐지는 얕은 구름
낮으면 그대로 물 한 모금 담아
부들과 수련 꽃이
각색의 묵언으로 우리를 맞이한다.

능선 따라 오르는 길목에는
또 다른 얼굴의 희귀목들이
하늘 향해 강한 의지를 보여주는
허리 굵은 나무들

남풍을 받을 수 있는 곳에
하얀 건물, 주인 닮은 듯
정갈하게 꾸며진 대문 앞
이국적 얼굴로 만난다.

어떤 인연이 숨어 있기에
그가 조선의 땅에
숨소리 불어 넣어
한 몸이 되어 가는지 놀라울 뿐이다.

이야기가 있는 풍경

푸른 하늘
흰구름
끄트머리에 몇 개 남지 않은
달맞이꽃잎

올려다보는 쑥부쟁이에게
묻는다.
푸른 바람 어디로 갔느냐고
알아들은 듯
곁가지만 흔든다.

소리 없이 가는 것들
배롱나무도 따가운 햇살에
몇 이파리 보라색

오밀조밀 씨앗주머니
가지마다 주렁주렁
천만년 꿈을 꾸는 것들
하나 둘이 아니다.

저녁노을에

구름에 물감 풀어놓은 듯
깊어가는 가을 속에
언덕배기 높은 곳
플라타너스 두 그루 나란히
하나는 절후에 맞추어 연노란 색으로
또 다른 그는 진록색으로
바람을 이겨보려는지
온몸을 흔들며 솨솨거린다.

세상을 거스르는 그를 보며
괜한 심술이다.
세상 모든 숨소리들이
변화를 감지하는
왠지 그만 푸른 기운 내품으며
겨울을 넘길 것 같은 기세
모여드는 눈빛들 속에 그 처사를 올려다보며
누구를 닮았을까 생각해본다.

* 대전문학 제78호

의중(義中)

입방아질하는 너희들
내 다 안다. 말하지 않는다 하더라도
눈빛과 목소리만 들어도
그것이 어제 오늘뿐이겠냐?

물론 모이면 살아가는 이야기일 테지만
그것뿐만 아닌 것이 분명한
우리들만 보면
장소를 옮겨 같은 소리의 억양

어느 때는 더 많이 모여
성토장이나 된 듯이
우리들 발걸음 멈추게 하고는
소리 없이 사라지는 너희 무리들

참새 떼 한 무리
누구의 의중을 듣고 왔는지
나는 아니라고 하는 그들의 얼굴을 보며
또 다른 세상을 일러준다.

밀 싹을 보며

온갖 흙먼지에 그을린
긴 그림자 끌고
말없이 어디론가 간다.

검은 눈동자로 점점이 이어지는
찬바람에 흩뿌려지는 작은 알갱이들
어둠을 뚫고 올라오는
밀 싹을 보며
속웃음 띤 예쁜 미소 함께

봄바람에 이웃과 사랑을
속삭이는 환한 모습도 보이고
여름의 문턱에서 방황하는 것도 보인다.

높은 산자락에서부터 붉고 노란 물감
칠하는 듯한데
밀 싹은 푸르름을 자랑하며
검은 눈동자 반짝반짝 빛난다.

도백의 행보

어린 시절 초근목피
기억 속 살아있어
오! 하늘이시여
만백성 보살펴주세요

더위에 지친 몸뚱이들
목마름까지
명년 봄을 위한 몸부림
생각이 깊어지고

가을이 지나고
입동도 훌쩍
백리길 물줄기 찾아
지방도백 밤잠 없이

하루하루 여미는 속내
가지런한 손모음
하늘 올려다보는 일상사
오늘도 기우제 올린다.

은사시나무 잎새

소설이라는 절후가
눈앞에 당도하니
겨울 추위에
마음이 바쁘다.

명년에도 '엘니뇨'라는 이름의
추위는 없는 듯이
물러 갈 것인지
가뭄이 봄여름으로 이어진다.

우리들 간장을 녹이려
이 계절에 눈발이 보이지 않는
영상의 날씨
시절변화에 민감해지는 사람들

흔들리는 마음을 달래려고
신문과 방송에는
공자 맹자 가르침을 되뇌어 보지만
저잣거리, 혼돈의 목소리들.

변화하는 것들

세월은 모든 것을 휩쓸고
과거의 것은 더 오래되게
미래의 것 가까이
목전에 닿기도

동짓달 처마 밑 양지바른 곳
늙은 암탉 한 마리
오색 옷 벗겨져 속살이 하얗게
반나로, 계관은 없는 듯

가끔 눈망울 움직여보지만
눈꺼풀 오르내리는 속도감은 없다.
가까이에 가도 민첩함이란
경계의 눈빛도 없다.

젊은 시절 과분한 사랑
멋진 가족을 많이 태어나도
과거를 어떻게 기억할까?
오늘은 어떻게 세상을 바라볼까?

큰 마당에

왜 모여들까?
뭣땜에 한발씩 한발씩
무슨 소리 나기에 귓불에 손을 대고
알 것 같은데 아리송하다.

그중 농민 하나 물대포에
대설인 오늘까지도 눈을 감고
염라대왕 앞에 이승의 소식을 알리는 듯
민중들의 화살이 그에게 꽂혀 눈빛이 붉다.

청년 하나 물총 비켜 고라니 마냥 절간으로
집주인에게 눈총 받으며
한 그릇 밥에 마음을 팔고
그도 얼굴이 상기되어 붉다.

눈앞에 보이는 탁발그릇
눈물사발 함께 긴 밤 수놓으며
하늘의 별을 세는 듯
발등에 치부를 한다.

태산을 바라보며

소만 지나면 모내기 가뭄
뻐꾸기가 더 잘 안다.
어제부터 이산 저산
비 온다는 소식인가보다.

통통해지는 밀 싹들이
이슬비 담뿍 받아
목마름 이겨내려는 듯
휘청휘청 반짝반짝

여느 때 같지 않은 청개구리 소리,
봉접은 모두 어디에
이 봄에 통 보이지 않는다,
왜일까 싶다.

고갯길 몇 개 더 남았는데
멀리서 산비둘기
목젖 내리는 애잔한 소리
가슴을 떨군다.

기억 속의 풍상

할아버지 적부터
마을 대소사 이야기에
제일 먼저 오르는 이름
산자락 끝머리에 사신다

거칠거칠한 손등 앞세워
요요와 가마장치를
가끔은 앞자락에 붉은 물이
옆눈질에 빠른 걸음으로

멍석과 채알들이 거두어지고
질퍽한 수채에 삽질까지
그이 가족들은
모두 상기된 얼굴

마을 애경사 열손가락 펴고 접고
가늘어진 아배 종아리 보며 자라온 자식들
나랏일 위해 높은 곳에서 혼신에 힘을
막걸리 한 사발에 백 년 전 풍경 담아낸다.

* 대전문학 제73호

1983.2. 김천역 대합실에서

삶의 풍경

누군가는 기울기를 말한다.
수평의 눈금
한금의 차이에서
수직으로 변하는 시간

수직과 수평을
오가는 삶은
회전방향에 따라
속도감에 취해

어디쯤인지
가늠키 어려운 현실을
바람개비처럼 돌기에
정신은 혼미할 수밖에

수직으로 세운 눈빛과
수평으로 누운 눈빛에
머리 흔들림의 모양은
응답의 뜻과 도리질이 된다.

건널목

내 앞에 백색선 여러 가닥이 서있다
이쪽에서 저편의 사람들을 보고
저편에서 서있는 나를 정면으로 응시한다.

순간 속에
많은 것들을 생각하게도 하는 찰라
색이 바뀌고
사람들은 대기선에서 내려선다.

응집되어 있던 발걸음들이 꿈을 싣고
각자의 몫을 머릿속에 넣고
행과 불행의 갈림길
가고 옴의 뜻은 아무도 모른다.
구름이 흘러가는 내면의 세계,
아무도 알 수 없듯

그 곳에는 모자이크 하듯
마음을 드러내는 각색의 빛깔
춘하추동 시절 따라 변하는 것처럼
건널목은 항상 변화의 축이다.
살아가는 일,
북극성을 꼭짓점으로 흔들린다.

너머에는

비웠다 채웠다 하는
세월이 끝자락
희비의 엇갈림으로
목소리 다른 것이

한 여름에는 빈틈없는
생명들
땅속 풀밭 하늘까지도
가득한 숨소리

때 지나 비워지는 가을하늘
머물러야 할 것들도 많을 텐데
비움으로 남기는 뜻
삶의 깊이인 듯하다.

그리움에

방울방울 살아나는
손가락 마디 굵어진 사연을
속내 감추고
무명바지 옥색 통치마 입성에

소식 기다리는 뜻
몇 해가 흘러갔건만
아롱지는 얼굴 흔들림이
어디 오늘 뿐이던가

손톱 뭉개진 얼굴 그려련 하지만
아궁이에 보릿짚
후두둑 후두둑 소리
놀란 가마솥 마음

벽에 부딪친 눈빛은
속내를 드러내지 않고
멀리 흘러가는
살 속 핏줄을 따라 간다.

귀천(歸天)

작은 모습 하나
손길에 인연이 닿아
아름다움이 창조되고
금빛 보금자리인 것을

둥지 속 예쁜 것들 나래짓
비 맞을세라 노심초사
오랜 세월 속
호롱불 잠들면 천정은 화폭이 되고

신 새벽이면
뜰팡에 검정고무신은
싸리 울타리에 눈길 주고
땅거미에 가위눌린 몸뚱이 뒹굴기도

시나브로
새끼들은 눈빛 멀리 짝을 이루고
하얀 머릿결 일렁이던 날
흰 손수건도 함께, 사립문도 닫히고.

흰구름 무리 지어

황새목 낫에 손등 베어 몸살하던
딱정이 하나
나의 얼굴을
빤히 쳐다본다.

눈을 감춘
상처 받은 영혼이
무럭무럭 자라
가마솥 김 오르듯 오른다.

그래!
상처 받지 않은 영혼이
어디에 있겠나,
무한의 공간에 휘둘리는 것들

섣달 바람에 웅크리고
입춘을 바라보는
그 얼굴도
딱정이가 떨어지려나 보다.

福
福
福
을사 임인호
을사 임인호
을미 김현우
을미 김현우

부정(父情)

오방색 꽃 피우려 잦은걸음
오늘 따라 뒤돌아보니
아슴한 얼굴이 확연하게
발자국도 크게 보이고

밤이 되면 천정에
도란도란 그림 그리시던 목소리
귓전을 세워보기도
떠나신 길 손꼽아 본다.

떠나고 남음에
흰 손수건만 펄렁이던
철없던 현실을 보며
머 언 하늘을 올려다보기도

천륜을 앞세워
이 땅에 동량되어
가시는 길
꽃길 놓아 드린다.

좋은 날 되소서

구름 속에 세월을 감추고
빠끔이 내려다보는
햇살은
알고 있는 듯

눈길 돌릴 때마다
보이지 않는 바람은
보석 달린 풍선 만들어
꿈을 담아 놓은 것

누군가의
핏기 어린 눈길이
오늘의 하늘인 것을
아는 이들이 팔 벌려 환호인 것을.

선인들이 머무르는
그 곳의 무지개다리
발자국에 고인 땀방울이
보석인 것을.

入無生知見力

오월 초하루

싱그러움의 첫발이다.
연둣빛 채색이 능선마다
각기 다른 모습으로
대지를 수놓으며

살아 숨 쉬는 모든 것들
자기 얼굴 돋보이려
푸른 바람에 분칠을
옆 돌아볼 여유도 없는 듯

햇볕 한줌 더 보려
까치발 세우는 진지한 모습에
나도 그 중 하나
동화되어 숨소리는 없었다.

겨울 길목

긴 여정으로 떠도는
산모랭이 능선에
저녁 햇살 받으며
길게 누운
산그림자를 본다.

하루를 죽이면서
산생명으로
돌아가려고
새벽이면 닭이 홰를 치듯이

그렇게 시작하는 우리는
슬픈 곡절을
긴 계곡 속에 감추고
가느다란 눈빛으로 남긴 채

밀밭골 푸른 훈풍을 기다리는
자연의 섭리라며
산마루 쳐다보고, 발걸음
멈추는 듯, 마는 듯 재촉한다.

삶이라는 것이

선달 찬바람에 메뚜기는 없는 듯 있는
붉은 눈빛이었다.
주위의 훈훈한 바람에도
마음의 불기둥을 다스리지 못하고

떠나야 한다는 속내를 알고
스스럼없이
사지를 내 맡기고는
네 마리 장정 개미와 삽과 괭이 함께

비탈길 오르는 능선 양지바른 곳
곡갱이와 삽의 소리는
펄펄 뛴다.
이승을 보내야 하는 마음을 아는 듯

어느 세월의 봄날에
나무꾼은 가느다란 눈빛으로
떠나며 입었던 옷들이
육신을 찾아 헤메는 풍경을 보며

소문은 발자국을 남기고
안주인은
여우가 드나드는 대문에
머리를 들여밀고

이승의 소식을 알린다.
찬바람 가시지 않은 정월쯤이라며
널직한 돌을 주워다 빗장을 만들어 놓고
오랜 세월 흐른 뒤 그의 그림자도 없다.

성묫길

가뭄에 보석 같이 귀한 존재 비 낱이
오늘따라 묘소 찾는 길목에
반가움에서일까
비비새가 숲속에서 비 맞으며 비비비
누군가의 영혼이 살린 나래짓이라면
당신은 누구이오니까?
언제부터 살고 있는지도 모르는
기억 저편의 어린 시절

떠나는 당신의 뒷모습 본 후
그 길은 나에게 미로의 길, 마음의 길
어머니 옛 생각에
마을 사람들과 함께
봉분을 다듬은 곳
바람 따라 나뭇잎이 휘휘
비 낱은 멈추고 새소리도 어디론가
산길을 내려오다 우뚝 서서 뒤돌아본다.

* 대전문학 2018년

무언 속에서

지축의 몇 번 흔들림을
나만 감지했으랴!
높은 산에서 굴러 내리는 바위
새로 태어남의 시작인 것,
눈비 맞으며
동토의 땅을 견뎌내고
쉬엄쉬엄 집시가 된다.

정처 없음을 아는 그는
급할 것도 없이
자갈 모래가 되어
물속에서 자신을 담금질하며
모양새로 보아
어느 만큼의 세월
어디쯤 와있는지
알 것 같은
정제된 삶을 살고 있다.

뭣 때문에

경칩 날
흰눈박이 동장군이 빗눈으로
들녘 농로길 둥구나무에
까치집을 유심히 내려다본다.

신혼집으로 손색없는 모양새
무리지어 응원의 날갯짓
미래에 어떤 꿈일까 싶다.

절반의 집을 남기고
그들의 인연이 다 된 듯
방문객 없이
진눈개비와 비를 맞는
빈 둥지

뭣 땜에 정성을 다하던 보금자리
어떤 바람이 깃을 흔들었을까?
느티나무는 알 수 있을까?

김유정 손끝에는

설레는 마음 보듬는 금병산에
황금빛 산수유 반짝반짝
혼을 싣고 와 눈 맞춤에
발길 멈추고

그의 숨결 다듬어 함께 살아가는
이 땅의 자손들
육백고지 넘나드는 흰구름도
추모제 상석에 앉아

한 시대 하늘의 뜻을 알지만
서슬에 고통을 가슴에 숨기고
켜켜이 쌓이는 상처는
동그란 눈망울이 된다

한 고을 아니
이 땅의 큰 등불이 된 얼굴
되돌아보는 삶이
예사로운 일 아닌 듯하다.

먼 곳에서 바라보니

목에 걸어 놓은
이동 전화기
하루종일 먹통이다
고장은 아닌 듯한데

마음은
어디론가 떠났나 보다
물결처럼 흐르더니만
하늘에
소리만 귓가에 쟁쟁하다.

감나무의 신비

간격 맞추어 감나무 심고
퇴비를 듬뿍 주었더니
눈에 보이게 자란다.

두 그루가 성장을 외면한 채
잠을 깨지 못하여
가끔 두 손을 얹어 주었더니

백년 만의 더위와 가뭄 속에서도
눈망울을 내 밀었다.
어인일일까,
손을 떨리게 하였다.

내일 모레가 입추인데
이날까지 어떻게 참다가
문을 열었을까,
생명의 신비에 깜짝 놀란다.

숨결

싱그러움의 향내와
연둣빛 채색이
발길 닿는 곳마다 가득

살아 있는 모든 것들
햇볕 한 줌 더 보려
까치발 세우고
푸른 바람에 분칠을 한다

시절은 우리들의 우상

절제된 그리움과 사랑의 시학

김해림 제13시집 〈나래짓 속에 영혼이〉의 시세계

한상수(대전대학교 명예교수)

1.

김해림 시인은 내가 좋아하는 시인 중에 한 사람이다. 그에게는 순수함이 몸과 시에 배어 있기 때문이다. 그의 시를 보면 자신의 시선(視線)을 고향이라는 공간에 고정시켜 놓고 있다. 그 속에서 아름다운 자연과 소박한 삶을 누리며 사랑의 나래짓을 하고 있는 것이다. 그 만큼 김해림 시인의 내면세계는 절제된 삶 속에 순수하고 뜨거운 사랑으로 충만해 있는 것을 느낀다.

김 시인은 대전에서 태어나 어린 시절을 불우한 환경에서 자라났다. 그 시대 누구나 그런 것처럼 가난과 6.25사변이라는 민족적 비극을 체험하였다. 남다른 것은 일찌기 아버지를 여의고 홀어머니의 땀내 속에서 살아 온 것이다. 그런 환경 속에서도 그가 꿋꿋하게 자랄 수 있었던 것은 어머니의 눈물어린 사랑 때문이었을 것이라고 생각한다.

그는 군복무를 마치고 공직생활을 하는 동안에도 어머니의 삶을 잊지 않았다. 한마디로 말해서 어머니의 삶은 몸으로 가르치는 교훈이었고, 사랑 그 자체였였던 것이다. 지금은 그 때의 가르침이 그리움으로 변하여 그리움 속에 함유되었던 사랑을 그의 삶과 시 속에 쏟아 붓고 있다. 그가 공직생활을 마치고 고향땅에 농막(農幕)을 짓고 농사를 짓는 것도 어떻게 보면 지난 날의 아픔을 치유하려는 사랑의 몸짓인지도 모른다. 그속에서 조상들의 향기를 맡으며 사랑으로 씨를 뿌리며 시를 가꾸고 있는 것이다.

김해림 시인은 갓 태어나는 새싹에서부터 조상의 음덕(蔭德)에 이르기까지 사랑의 눈으로 바라보고 사유하는 시인이다. 그것은 어린 날 자연스럽게 떠오른 왜라는 물음표가 일깨워 준 깨달음이었다. 자칫 잘못하면 왜라는 물음표는 그의 삶을 어둔 골짜기로 인도하여 방황하게 할 수도 있었으나 홀어머니의 가르침은 김 시인에게 삶의 지침이 되었던 것이다. 결국 그 깨달음이 사랑으로 승화(昇華)되었고 시인의 가슴 속에서 사랑의 깃빨을 휘두르게 한 것이다. 그리하여 그리움과 사랑은 김해림 시세계에서 큰 흐름을 이루고 있다.

간격 맞추어 감나무 심고
퇴비를 듬뿍 주었더니
눈에 보이게 자란다.

두 그루가 성장을 외면한 채
잠을 깨지 못하여
가끔 두 손을 얹어 주었더니

백년 만의 더위와 가뭄 속에서도
눈망울을 내 밀었다.
어인일일가
손을 떨리게 하였다.

내일 모레가 입추인데
이날까지 어떻게 참다가
문을 열었을까
생명의 신비에 깜짝 놀란다.

—「감나무의 신비」 전문

감나무를 심고 정성을 기울인다. 새싹이 돋아나기를 기다린다. 봄이 다 가고 여름이 되기까지 새싹이 나오지 않는다. 이런 경우 많은 사람들은 새싹이 돋아나기를 포기 하기 마련이다. 그러나 김 시인은 여름이 지나가고 입추가 가까이 되었는데도 하나의 생명체를 포기하지 않는다. 가끔 두 손을 얹어 자기의 온기를 전한다. 어린 생명에 대한 사랑이다. 아니 존중이다. 김 시인은 이런 자세로 3형제를 훌륭하게 키워냈다. 자신은 비록 아래에서 위를 바라보며 살았지만 자식들은 자신을 뛰어 넘어 서도록 사랑과 정성으로 키워냈다. 끝까지 기다리는 사랑, 끝까지 배려하는 사랑은 그의 첫시집 〈농투산이〉에서 부터 제13시집에 이르기까지 한결같이 시 속에 흐르는 혈맥이다.

목에 걸어 놓은
이동전화기
하루종일 먹통이다
고장은 아닌 듯한데

마음은
어디론가 떠났나 보다
물결처럼 흐르더니만
하늘에

소리만 귓가에 쟁쟁하다.

―「먼 곳에서 바라보니」 전문

아버지는 아들과 아무리 멀리 떨어져 있어도 아버지의 마음은 아들의 발걸음을 따라 다닌다. 그러나 어느 날 문득 전화했을 때 아들이 전화를 받지 않으면 온갖 생각에 사로 잡히기 마련이다. 이 시는 먼 곳에서 아들을 바라보는 아버지의 마음이다. 이렇게 아버지는 멀리 있는 아들을 그리워하고, 다른 한편으로는 먼저 저 세상으로 떠난 자신의 아버지를 그리워 하는 것이 아들이다.

오방색 꽃 피우려 잦은걸음
오늘 따라 뒤돌아보니
아슴한 얼굴이 확연하게
발자국도 크게 보이고

밤이 되면 천정에
도란도란 그림 그리시던 목소리
귓전을 세워보기도
떠나신 길 손꼽아 본다.

떠나고 남음에
흰 손수건만 펄렁이던
철없던 현실을 보며
머 언 하늘을 올려다보기도

천륜을 앞세워
이 땅에 동량되어
가시는 길

꽃길 놓아 드린다.

—「부정(父情)」 전문

김해림 시인은 유년기에 아버지를 여의었다. 아버지의 시신이 산으로 옮겨질 때 젊은 나이에 홀로 되어 오열하던 어머니의 모습이 흰 손수건과 대치되어 희미하게 떠올랐는지 모른다.그런 가운데 밤이 되면 천정에/도란도란 그림 그리시던 목소리/귓전을 세워보기도/떠나신 길 손꼽아 본다.는 그리움과 함께 오색 꽃을 피우려고 꿈꾸던 아버지의 모습이 확연하게 떠오른 것이다. 이것은 아버지에 대한 희미한 기억이 그리움으로 전환된 것이다. 그리고 어릴 적 추억 속에 아버지의 사랑을 확인한 것이다. 그리하여 시인은 천륜을 앞세워/이 땅에 동량되어/가시는 길/꽃길 놓아 드린다.라고 외친다. 동량(棟樑)이란 기둥이나 대들보를 이르는 말이다.아버지의 은혜에 생각하며 이 땅의 동량이 되어서 꽃길을 놓아 드리고 싶다는 것이다.

방울방울 살아나는
손가락 마디 굵어진 사연을
속내 감추고
무명바지 옥색 통치마 입성에

소식 기다리는 뜻
몇 해가 흘러갔건만
아롱지는 얼굴 흔들림이
어디 오늘 뿐이던가.

손톱 뭉개진 얼굴 그리려 하지만

아궁이에 보릿짚
후두둑 후두둑 소리
놀란 가마솥 마음

벽에 부딪친 눈빛은
속내를 드러내지 않고
멀리 흘러가는
살 속 핏줄을 따라간다.

—「그리움에」 전문

김해림 시인에게 어머니는 어머니 이상의 존재다. 아버지는 일본 탄광에서 광부로 일하다가 해방 후 귀국하여 자리를 잡기도 전에 지병으로 세상을 떠났다. 그 빈 자리를 홀어머니가 꾸려가며 지켜주었다. 그런 모습을 바라보면서 자란 김 시인은 어머니에 대한 존경심과 그리움이 남다를 수 밖에 없었을 것이다. 어머니를 생각할 때마다 북바치는 그리움을 아궁이에 보릿짚/후두둑 후두둑 소리/놀란 가마솥 마음이라고 말하고 있다. 어머니를 생각할 때마다 가슴 속에서 뜨거운 불덩이 같은 것이 꿈틀거리는 것을 느끼는 것이다. 그러나 그 때 떠오르는 어머니의 눈빛은 저승의 경계에서 속내를 드러내지 않고/멀리 흘러가는/살 속 핏줄을 따라간다. 그처럼 어머니는 김 시인의 가슴 속에 살아 있음을 역설하고 있다.

2.

김해림 시인은 가족에 대한 사랑 뿐 아니라 이웃에 대한 배려와 사랑도 지극하다. 그는 결코 인연의 끈을 놓지 않는다. 그만큼 그의 심성은 시 속에서도 올곧게 표현된다. 그것은 연륜에서 오는 자연스런 현상이 아니라 홀어머니의 가르침에서 비롯되었다고 하겠다. 김 시인은 어머니의 가르침을 받고 절제된 삶의 울타리 안에서 이웃을 너그러운 눈으로 바라보는데 익숙해진 것이다.

스멀스멀 녹아내리는
세월 앞에
하얀 머리결이 하얗다.

바람 부는 대로 흔들리는
몸뚱이들
빛바랜 생각들로
서로를 위로한다.

예까지 오느라
준령들이 손바닥 안에서
퍼덕이는 것을
한여름 풀벌레 소리이던 것을

뒤돌아보는 발자국
높은 산 목전인 것을
왔던 만큼 되돌아가야 하는 것을
옥수수 대궁 꽃술이 환하다.

―「눈빛을 보니」 전문

고희(古稀)를 넘긴 시인의 눈으로는 스쳐지나가는 사람도 예사로 보이지 않는다. 눈빛을 보고 세월 속에 곰삵은 삶의 편력을 읽는다. 그것은 자신이 겪어온 삶의 체험에서 우러나오는 사랑의 나래짓인 것이다. 뒤돌아보는 발자국/높은 산 목전인 것을/왔던 만큼 되돌아가야 하는 것을/ 옥수수 대궁 꽃술이 환하다. 김 시인은 같은 또래의 하얀 머리결을 바라보며 그의 모습을 옥수수 꽃대궁으로 비유하면서 그의 멀지 않은 생애에 대하여 안타깝게 여긴다.

봄바람 머리에 이고
머언 산 산록을 올려다본다
가까이에는
느티나무 연녹색 자랑이 한창이다.

지나는 구름떼 올려다보는
흰 머리결로
사이사이 꽃잔디 제 자랑에 곱기도 하다.

움돋는 능소화
할미꽃 알기나 할까
떠남과 남아 있음이
이 계절
한 폭 그림으로 그리기에는
여백과 물감이 부족할까

가슴에 올려 미는 열기로
그림을 그려야겠다.

—「할미꽃 영혼들」 전문

자연은 계절의 교체에 따라 새로운 생명체가 태어나기도 하고 사라지기도 한다. 그런 풍경을 들여다 보고 있으면 신비하기도 하고 아름답기도 하다. 움돋는 능소화/할미꽃 알기나 할까/떠남과 남아 있음이/이 계절/한 폭 그림으로 그리기에는/여백과 물감이 부족할까. 일찍 피어나는 할미꽃은 뒤늦게 피어나는 능소화의 존재를 알 수 없고, 능소화는 먼저 피었다가 떠나버린 할미꽃의 존재를 모른다. 인간사도 마찬가지다. 그래서 시인은 그것을 그림으로 그리고 싶은 것이다. 조상에 대한 그리움과 후세를 사랑하는 마음, 그 마음을 〈할미꽃 영혼들〉말미에 가슴에 올려 미는 열기로/그림을 그려야겠다고 고백하고 있다. 그런 절실한 마음은 김 시인의 농막에 있는 조상 음덕비(蔭德碑)에서도 읽을 수 있다. 김해림 시인은 일찍 가버린 아버지, 그리고 조상으로부터 직접 물려받은 것이 없는 자신이지만 그 혈연 속에 흐르고 있는 사랑을 깨닫고 가족에게 지극한 마음을 기울이는 것이다.

강물은 저 혼자
오랜 세월에도 얼굴 비비며
낮은 몸짓이다
올려다보는 눈빛
누구도 원망하지 않는다.

낮으면 낮은 대로
높으면 높은 대로
빠름과
늦음의 자세도
흐트러짐이 없다.

—「그 무엇에도」 전문

남이 무엇을 먹는 것을 보면 얼른 집으로 돌아오라. 너도 먹을 것을 들고 밖으로 나가지 말라. 이것은 젊은 홀어머니가 가난하게 자라나는 아들에게 주의를 주었던 말이다. 남의 것에 대하여 욕심을 내지 말고 자기 것을 남에게 자랑하지도 말라는 가르침이다. 김해림 시인은 이 말을 가슴에 새기고 머리가 허연 오늘날까지도 마음 속에 채찍으로 세워놓고 살아 왔다. 마음의 수평을 잡고 산다는 것은 얼마나 어려운 일인가. 저 혼자 다듬은 마음/푸른 빛 머금은 옥수/지나는 곳마다/살아가는 것들에/그 마음도 다독인다. 이러한 삶은 누구에게나 좋은 사람이 되고 누구에게나 인정을 받으며 살아왔다. 그런 시인은 알아도 아는 체 하지 않고 남이 아는 것도 아는 체를 하지 않으며 땅을 일구고 있다.

애정어린 느티나무의 새집,
행복한 눈빛 보려고
오가는 이 발 길 멎어
머리 들어 눈길을 주기도

까치 비둘기 무리에
참새 동박새는 먼 발치에서 눈길만 주는
안쓰러움 넘치는 새 아파트
솔밭 속 처마 밑 아늑한 자리

한쌍 집들이하는
소문은 발걸음을 재촉하고
맛좋은 호떡집처럼
조잘대는 가족들

새 생명들
나날이 맺어지는 또 다른 인연에

더위를 모르고 한 가족이 된다.

—「오월의 인연」 전문

김 해림 시인의 가족에 대한 사랑은 이웃에 대한 사랑으로 발전한다. 새로운 이주민과 한 가족이 된다. 행복한 눈빛 보려고/오가는 이 발 길 멎어/머리 들어 눈길을 주기도… 이처럼 낮 선 사람에게도 눈길을 떼지 않는 사랑으로 번진다.

3.

인생은 한번 왔다가 한번 가는 것이 정한 이치다. 그럼에도 불구하고 유년시절에 아버지를 여의고 고난과 역경 속에서 살았던 그의 뇌리에는 아직도 기억 속에 아버지의 죽음이 상처가 되어서 남아 있는 것이 아닌가. 김 시인은 고희(古稀)를 넘기면서 이 문제에 관심이 커지는 듯하다. 한로(寒露)를 지나고 시들어버린 배롱나무와 달맞이꽃을 바라보면서 인생의 허무함을 느낀다. 그 허무함은 일생동안 가슴 속에 간직했던 아버지에 대한 그리움과 또 다른 그리움인 것이다.

한로를 앞두고
배롱나무 달맞이꽃도 떠나고
키 작은 쑥부쟁이 푸섶에서 뽀얗다.

어깨를 맞대고 무리무리
없는 듯 조용하더니
조석의 바람에
작은 얼굴 당당함이 가득하고

지난 여름
가뭄 속 애환이 서린 삶속에
세상이 어떻게 보여졌을까.

목마른 후유증
허리 구부러진 모습들이지만
줄기는 살아 있어
한 줌 비라도 내렸으면 좋겠네.

—「이웃들」 전문

김 해림 시인은 생을 마치는 이웃들을 보면서 남다른 관심을 갖는다. 그리고 목숨만 부지하고 사는 사람들을 바라보면서 인생의 허무함을 느낀다. 지난 여름/가뭄 속 애환이 서린 삶속에/세상이 어떻게 보여졌을까. 죽음 앞에서 삶의 애환(哀歡)이 아무것도 아니라는 상념에 빠졌던 것은 아닌지…

비웠다 채웠다 하는
세월의 끝자락
희비의 엇갈림으로
목소리 다른 것이

한 여름에는 빈틈없는
생명들
땅속 풀밭 하늘까지도
가득한 숨소리

—「너머에는」 중에서

기억 저편으로

슬금슬금 넘어가는
주위의 이름들
하나 둘씩

눈만 뜨면 보이던 얼굴들
가고 오는 것
인연이라 하지만
머릿속을 점점 비워간다

애증의 짧은 시간들
옳고 그름의 다툼 속에
정답이 없었음도
멀리 와 있으니 보인다.

모퉁이마다 보이던 그들
몽환이었던가
도착점이 어디쯤인지
환청으로 들리는 듯하다

—「고마워요」 전문

계절의 교체처럼 인생도 그런 것이다. 당연한 이치인데도 불구하고 비웠다 채웠다 하는 세월의 끝자락/희비의 엇갈림으로/목소리 다른 것이 새롭게 느껴지는 것이다. 그리고 눈만 뜨면 보이던 친구들과 다투고 미워하고 사랑했던 일들이 한날 꿈과 같은 몽환(夢幻)으로 느껴진다. 허무 속에 느껴지는 그리움을 시인은 이렇게 표현하고 있는 것이다. 그 그리움은 세월이 지나가면서 세상을 떠나는 이웃들에게 시인은 고맙다는 말을 한다. 그 고마움은 함께 살다가 먼저 떠난 사람들에게 보내는 인사일 수도 있고, 아니면 아직 살아 있는 자신에 대한 감사일 수도 있다.

스산한 바람이 일면
겨울이 오고 있음의 신호
귀밑 솜털이
체내로 보낸다.

한 해의 끝자락 섣달그믐 무렵
아픈 상처의 혼은
찬바람 함께 마음 속 자리
숙연하게 한다

떠나고 남음은 자연스런 순환
가슴 졸였던 작은 티끌이라도
숨길 저 편에 있는 것
새해의 의미는 새로운 삶이다.

—「송구영신」 중에서

나이가 들면 누구나 한 해를 보내고 새해를 맞이하며 새로운 삶을 느낀다. 시인은 찬 바람이 불면 겨울이 오고 새로운 한 해가 오고 있다는 사실을 감지한다. 그리고 한 해의 마지막날인 섣달그믐날이 되면 한 해 동안 아팠던 상처가 마음을 새롭게 한다. 시인은 그런 일들은 살아 있기 때문에 겪어야 하는 일이라는 관점에서 젊은 날 맞이하던 새해와 또 다른 새해인 것을 실감한다. 그것은 언젠가 자신도 떠나야 할 삶이 있다는 사실을 알기 때문이다.

세월은 관용을

베풀지 않는다
크든 작든
그림자를 만드는 요술만
존재할 뿐
말이 없다.
숨을 쉬는 것들
끝내는 그림자도 없다.

—「수복강녕을 비나이다」 전문

누구나 세월 앞에서는 예외가 없다. 누구나 언젠가는 이 세상을 떠나게 된다. 이승을 떠난 사람들을 생각하면 그 사람의 삶이란 한낱 그림자에 지나지 않는다. 그 그림자도 사람에 따라서 크게 나타나기도 하고 작게 나타나기도 하지만 그것은 잠시일 뿐 마침내는 모든 그림자도 사라지고 만다는 것이다. 사실 인생은 그림자처럼 잠깐 나타났다가 사라지는 것과 무었이 다르겠는가. 어떻게 보면 인생은 그림자 놀이에 각기 다른 배역을 맡고 잠시 출연하였다가 자기가 맡은 역할이 끝나면 무대 뒤로 사라지는 것과 같은 것이다.

김해림 시인의 시세계는 인생이라는 숲속에서 생명을 존중하며 배려하며 그 생명체를 사랑하는 나래짓이라고 하겠다. 그가 유년시절 겪었던 혹독한 체험을 홀어머니의 가르침을 통하여 왜라는 물음표를 버리고 이제는 멀리 서서 인생을 관조하며 노래하는 시인이 되었다. 제13시집 〈나래짓 속에 영혼〉은 바로 그런 것을 넌지시 보여주고 있는 것이다. 김 시인의 시는 얼른 보기에 쉬운 것 같기도 하고 어려운 것 같기도 하다. 그렇다고 난해한 시는 결코 아니다. 다만 그렇게 느껴지는 것은 인생에 대한 그리움과 사랑을 은유로 표현하여 시적 모호성ambiguity을 나타내고 있는 것이다. 어떻게 보면 아주 소박한 것 같지만 그 속에 깊은 의미가 내포되어 있다. 김 시인의 시세계를 이해하는 데는 이러한 언어의 연금술을 이해하는 것이 먼저라고 하겠다.

김해림 시인의 시에서 큰 화두(話頭)는 어머니다. 김 시인은 평소에도 어머니를 이야기 할 때면 눈물부터 찌걱찌걱 흘린다. 그만큼 어머니에 대한 고마움과 그리움이 넘쳐나는 것이다. 그의 시세계는 어머니의 가르침과 그리움이 사랑에 대한 나래짓으로 시세계를 이루고 있다. 그 의 모든 시는 어머니에 대한 그리움과 사랑에서 비롯 되었다고 해도 과언이 아니다. 김 시인의 이러한 시적 경향은 그만이 갖고 있는 달란트talent라고 하겠다.

나래짓 속에 영혼이

海林 김 기 영 시사집(詩寫集)

발 행 일 2018년 10월 17일
지 은 이 김기영
발 행 인 李憲錫
발 행 처 오늘의문학사
출판등록 제55호(1993년 6월 23일)
주 소 대전광역시 동구 대전로867번길 52 (삼성동 한밭오피스텔 401호)
전화번호 (042)624-2980
팩시밀리 (042)628-2983
전자우편 hs2980@hanmail.net
카 페 cafe.daum.net/gljang(문학사랑 글짱들)
cafe.daum.net/art-i-ma(아트매거진)

공 급 처 한국출판협동조합
주문전화 070-7119-1752
팩시밀리 031-944-8234~6

ISBN 978-89-5669-948-6
값 30,000원